Hacia un futuro feminista, de México a Argentina

Primera edición:
Julio de 2024

Título:
Hacia un futuro feminista, de México a Argentina

Autoría:
Dawn Marie Paley, Raquel Gutiérrez Aguilar y María José López (eds.)

Maquetación y diseño de cubierta:
Traficantes de Sueños.

Edición:
Ojalá, Bajo Tierra ediciones y Traficantes de Sueños

Imágen de cubierta:
Susi Maresca

ISBN: 978-84-19833-21-1
DEPÓSITO LEGAL: M-14571-2024

Hacia un futuro feminista, de México a Argentina

PERIODISMO Y ANÁLISIS EN TRADUCCIÓN   JOURNALISM & ANALYSIS IN TRANSLATION

Cuaderno 02

Cuadernos Ojalá es un esfuerzo colaborativo para seguir documentando el presente y disputando el sentido de lo que pasa.

Entender lo que ocurre en distintos lugares, más allá de la sucesión disconexa de imágenes y palabras que nos brindan las redes fue, entre otros, uno de los objetivos por los cuales en marzo de 2023 echamos a andar *Ojalá, periodismo y análisis en traducción*.

Ahora, en alianza con Bajo Tierra Ediciones y Traficantes de Sueños, abrimos la colección *Cuadernos Ojalá*. Reunimos reportajes, entrevistas y opiniones con arte y reflexiones gráficas sobre diversos acontecimientos. Pasar a papel textos breves sobre determinados hechos, escritos por diversas manos, compone miradas complejas sobre asuntos relevantes y permite nuevos circuitos de circulación de las ideas.

Así nos enlazamos, además, en un nuevo esfuerzo de cooperación.

Introducción

El cuaderno que tiene en sus manos reúne diez notas publicadas en *Ojalá* en torno a las enormes movilizaciones feministas del 8 de marzo de 2024.

Compartimos los tonos y alcances de las movilizaciones en Ciudad de México, Buenos Aires, Bogotá y Santiago de Chile.

Lo que sucede el 8M, en las masivas movilizaciones que han vuelto a organizarse en esas ciudades es una guía y fuente de inspiración para nosotras, pues ahí se anudan la fuerza y las contradicciones, se expresan la potencia y los desafíos al interior de los feminismos.

Este 8M, en toda América Latina, la bandera palestina voló en alto junto con las variadas pancartas y mantas moradas y verdes. Marchamos contra todas las violencias, la producción de la impunidad y la invasión, el saqueo y la guerra que también se expande en nuestro hemisferio.

Exploramos los ejes de las discusiones previas que nutren las enérgicas luchas contra todas las violencias patriarcales, así como la inmensa dificultad para el sostenimiento de la vida cotidiana y colectiva. La precariedad en las condiciones laborales y vitales se ha vuelto un asunto central, del orden material, en las articulaciones feministas. Esto es algo que hay que seguir pensando y confrontando juntas.

También incluimos otras reflexiones que rescatan las memorias y convocan a ampliar la escucha del abanico de voces y luchas que componen la constelación de feminismos en marcha.

Nos preguntamos cómo seguir sosteniendo y politizando el movimiento feminista, cómo evitar su captura, y cómo asegurar la transmisión intergeneracional de ideas.

Esperamos que estos textos alentarán la composición nunca exenta de tensión, de más amplias voces y posiciones que renueven las capacidades políticas que requerimos en estos tiempos de guerra, saqueo y austeridad.

Equipo *Ojalá*. Oaxaca, abril de 2024.

¿Cómo recuperar la fuerza feminista en Chile?

[Opinión • Andrea Sato
23 de febrero, 2024]

Las tomas feministas en las universidades chilenas comenzaron en mayo de 2018, dando inicio a un proceso que sigue abierto hasta la actualidad. Su potencia se reforzó en las calles durante 2019; y las manifestaciones feministas fueron masivas y poderosas a lo largo del estallido social.

La pandemia vino a romper vínculos sociales y a poner las urgencias sanitarias en el centro, y la desorganización se mezcló con el intenso periodo electoral en el que se fracasa con el cambio constitucional y es electo Gabriel Boric. El conflicto y los deseos de cambiar el orden patriarcal se cerraban por arriba.

Hoy nos preguntamos: ¿cómo mantener abierto el ciclo de politización feminista? Para entender esa pregunta, creo que hay que regresar a 2018.

Las movilizaciones de 2018 se extendieron desde la capital a todo el país, abrieron espacios para debates hondos sobre la construcción de un modelo educativo no sexista, la división sexual del trabajo y cómo se vinculaba a los procesos de formación inicial en las infancias. Las asambleas, siempre protagonizadas por varones de barbas largas, anteojos y camisas con motivos tropicales, empezaron a florecer con otros liderazgos.

Desde los noventa, en esos espacios las discusiones versaban sobre la caída de la educación de mercado, o la gratuidad y universalidad. Para 2018 se ocuparon de urgencias que cruzaban las biografías de cada persona que participaba en esos espacios de deliberación: el aumento de denuncias por violencia de género a profesores y compañeros en espacios académicos y de formación.

Había mujeres diversas, lesbianas, trans, travestis y no binaries coordinando las palabras, que declamaban discursos en los salones repletos de una variada constelación de pelos de colores, aros y cuadernos con brillos.

El acoso en el espacio académico no era nuevo, entre los pasillos de todas las universidades se sabía del profesor al que no había que acercarse, tampoco ir a su oficina o evitar cerrar las puertas durante sus clases. A las mujeres de nuevo ingreso también se les advertía de ese "compañero" que cuando se le pasaban los tragos en las fiestas se ponía "molestoso". Se sabía de los profesores invitando a salir a sus estudiantes, de ayudantías que se ganaban sin concursos mediante y de las académicas que nunca podían ascender en su carrera.

Compañeres en todos los rincones de Chile se organizaron para sentir seguridad y reconocimiento en los espacios académicos y, por sobre todo, que los agravios que realizaban los varones en esos lugares no quedaran impunes. La decisión extendida en las asambleas autogestionadas fue la acción directa: las tomas de las universidades, la ocupación del espacio público y la denuncia contra los agresores en cada lugar fue la estrategia de la fuerza joven del feminismo chileno.

Una lucha personal y política

Las movilizaciones de 2018, que comenzaron en Santiago, principalmente en la Universidad de Santiago de Chile y la Universidad de Chile, se extendieron rápidamente a diferentes capitales regionales como Valparaíso y Concepción. Estas manifestaciones no sólo fueron por una educación no sexista dentro de las aulas, el reclamo era transversal: una transformación radical de las vidas y las condiciones para todes.

Las más de 20 universidades ocupadas de mayo a octubre del año 2018 fueron pequeños laboratorios de ensayo para la organización, la autogestión y la formación.

Se fomentaron desde talleres de bordado hasta clases de economías feministas. Las paredes se llenaron de propaganda y de murales que expresaban las rabias y las esperanzas de una generación que ya no tenía tatuado en su piel el miedo de la dictadura cívico militar. Estaba dispuesta a pensar otras formas de hacer política placentera, fuera del androcentrismo de izquierda que había campeado en las últimas décadas.

Estas imaginaciones, mundos posibles y deseos tuvieron su espacio de disputa en la institución. Se lograron construir protocolos contra las violencias, se modificaron mallas curriculares y se expulsaron profesores agresores de prestigiosas casas de estudios. La movilización se convirtió en escuela para muchas que habían tenido la inquietud por la organización política.

En 2018 hubo reflexiones, enfrentamientos, rabias, placeres y mucho de imaginación política. La fuerza de la marejada feminista en Chile se nutría de todo el movimiento que se hermanaba a través de la cordillera con las compañeras argentinas, uruguayas, peruanas y bolivianas que compartían los anhelos de la transformación total de las relaciones sociales.

Todo eso, junto con la capacidad de construir agenda, fue fundamental para entender la potencia feminista en Chile y en toda Abya Yala.

Con la potencia de un tsunami se inició 2019, con aprendizajes de los procesos vividos y un montón de nuevas compañeras y colectivos construyendo constelaciones de reflexiones.

Durante el año, esta potencia feminista se fusionó con el fuego de las movilizaciones de la revuelta popular de octubre 2019 en todo el territorio nacional. Durante la preparación de la marcha del 25 de noviembre se escribió y se ensayó lo que se convirtió en un himno contra el patriarcado: "El violador eres tú". Atravesó fronteras para unificar sentires y rabias contra el patriarcado.

La del 8 de marzo de 2020 fue la marcha con mayor asistencia desde que se tiene registro. Más de dos millones de personas salieron a manifestarse en todo Chile para dejar claro que la revuelta popular resistía y que el patriarcado seguía siendo el enemigo.

La revuelta popular que empezó en 2019 se aplacó entre pandemias y promesas de procesos constitucionales. Las aguas se separaron entre quienes tenían la ilusión de incidir en un proceso constitucional armado a la medida de los partidos políticos y quienes siempre desconfiaron de la cueca democrática y pujaban por mantener la presión y movilización en las calles.

Movimientos, desordenados desde arriba

El proceso constitucional desordenó las fuerzas populares y parte de los feminismos apostó todas las energías a un proceso truncado que nunca dio garantías de mejorar las condiciones estructurales de vida en Chile. El quiebre de colectivos feministas y territoriales tras el proceso constitucional ha sido irreparable.

Chile, además, debía elegir un nuevo presidente y en diciembre de 2021 salía electo Boric en la votación presidencial con menor participación ciudadana a nivel histórico. Él era ex dirigente estudiantil y representante del Frente Amplio, la coalición que prometió cambiar la política chilena construyendo un gobierno feminista y ecologista. Venció en las urnas a José Antonio Kast, representante del partido conservador y de ultraderecha, Partido Republicano.

Desde la investidura en marzo de 2022, el gobierno de Boric se autoproclamó feminista. Incluyó en sus filas a sindicalistas, activistas e intelectuales que venían del movimiento feminista.

Estas nuevas contrataciones gubernamentales desarticularon los ya muy golpeados espacios de construcción colectiva. El gobierno que decía estar en favor de las mujeres callaba cuando la ley de interrupción voluntaria del embarazo peligraba en un nuevo texto constitucional reaccionario y cuando se evaluaba aumentar la edad de jubilación para las mujeres. El gobierno de Boric impulsó leyes contra la clase trabajadora, vendió el litio a la empresa del yerno de Pinochet y mantiene militarizado Wallmapu.

El gobierno actual se vistió con las ropas del movimiento social, ecologista y feminista para luego impulsar una agenda digna de la derecha reaccionaria. Todo bajo la excusa de manejar la "crisis de seguridad".

El camino que sigue

Las movilizaciones feministas centrales para Chile, que son el 25 de noviembre, día contra la violencia hacia las mujeres, y el 8 de marzo, día de las mujeres trabajadoras, desde el año 2020 se han mantenido masivas. Muchas personas llenando las calles en las principales capitales regionales han sido revitalizantes para pensar los horizontes de conquistas que aún quedan por alcanzar. Las movilizaciones masivas de los últimos años entregan esperanza para pensar que existe una potencia que hoy está difuminada, pero con paciencia y organización se puede recuperar.

La potencia del movimiento feminista heredero de la fuerza de las lesbianas autónomas del Encuentro Feminista Latinoamericano y del Caribe (EFLAC) en Cartagena de 1996 hoy día está en una camisa de fuerza entre la institucionalidad del gobierno, las ONG y su propia debilidad. La incapacidad de la construcción de una agenda feminista ha obligado que las perspectivas despatriarcalizantes queden nuevamente relegadas a un rincón sin fuerza para disputar contenido a nivel estructural.

El techo de cristal y la paridad parecen ser lo único en lo que las mujeres pueden incidir a través de la política institucional. Pero son victorias simbólicas, no buscan desmantelar un sistema de opresión, sólo fortalecen a las pocas mujeres que —de forma individual— anhelan habitar esos espacios de poder.

Durante los últimos años, en Chile se han debatido reformas centrales para las mujeres de clase trabajadora: disminución de la jornada de trabajo de 45 a 40 horas, pensiones y salario mínimo. En ninguno de estos debates se ha planteado una perspectiva crítica y antipatriarcal, lo que evidencia la debilidad del movimiento feminista para instalar agendas o debates en el marco de la discusión pública.

Ha sido amplia la discusión respecto a la cooptación de los discursos radicales y antisisté-micos. Pero que se vendan poleras con las consignas feministas en centros comerciales no es excusa para dejar de disputar los espacios y las reflexiones.

No hay atajo para la construcción de un mundo nuevo, los cantos de sirenas de gobiernos feministas o Estados cuidadores son parte del proceso de vaciado que viven las propuestas radicales de emancipación. La subversión está en la calle, en el encuentro y en la construcción permanente de estrategias para enfrentar la crisis ampliada del capital.

8M, movilización y asamblea

[Opinión • Raquel Gutiérrez Aguilar
6 de agosto, 2023]

Llegamos otra vez al 8 de marzo, un momento de renovación masiva, festiva y radical de múltiples prácticas y debates feministas a lo largo y ancho de América Latina.

Han pasado ocho años desde que desbordamos tumultuosamente los estrechos límites del feminismo liberal hegemónico y racista, repudiando con energía todas las violencias patriarcales y machistas.

Desde entonces, cada 8M nos sumergimos en inmensos y caudalosos ríos de mujeres y disidencias de distintas edades, procedencias y profesiones, reunidas ruidosamente en las calles que vuelven a defender la maternidad voluntaria y el ejercicio diverso del placer.

A lo largo del tiempo de maneras variadas nos hemos movilizado para defender nuestras vidas —y la vida en su conjunto— de las prácticas políticas y económicas que drenan y amenazan las posibilidades de sustento digno y alegría cotidiana.

En los territorios y desde las colectivas y organizaciones hemos rechazado el extractivismo y la
guerra como mecanismos de sujeción y muerte.

En los tribunales, en las calles y en las escuelas hemos exigido y producido justicia ensayando
formas de repudio simultáneo de la impunidad y
del punitivismo.

Criticando práctica y teóricamente el binarismo
excluyente, de los géneros y de los razonamien-
tos, hemos sacudido el debate público instalando
temáticas que subvierten las bases de formas de
pensamiento consagradas.

Las múltiples y tenaces prácticas de nuestros
feminismos en todas las facetas de la vida, en
nuestras casas, con nuestras amigas y familias,
se conjugan y renuevan a través de las energías
que se generan y liberan en conjunto durante el
8M. Desde ahí hemos impugnado la estructura-
ción patriarcal de la vida social que se sostiene
radicalizando las violencias, organizando guerras
y colonizando tiempos y energías.

De ahí el carácter de inmenso y creativo acto
pedagógico que ha asumido el 8M, exhibiendo
nuestra habilidad para entrelazarnos, para acuer-
parnos entre diversas y para sentir nuestra fuerza
común.

Todo esto hemos hecho a lo largo de los últimos años en medio de debates en los cuales también se exhiben y problematizan nuestras diferencias. Porque la nuestra no ha sido una capacidad
de articulación que uniforma y disciplina. Más

bien, ha producido una ruidosa y a veces inestable forma de converger y al mismo tiempo de
distinguirnos.

Este mes se cumplen también cuatro años del
comienzo de la pandemia de Covid-19 en nuestro
hemisferio y de las medidas de confinamiento que
sacudieron tan profundamente nuestra existencia
colectiva. Cuatro años en los que las secuelas de
inestabilidad y precarización de la vida cotidiana
se han agudizado a la par del recrudecimiento de
violencias extremas.

Hoy el 8M llega con el insoportable genocidio en Gaza en el primer plano de la información
global. También con las terribles imágenes de las
megacárceles salvadoreñas del reelegido Nayib
Bukele.

Guerra y cárcel es lo que en 2024 ofrecen los
regímenes patriarcales capitalistas y coloniales
en distintas latitudes. Es así también en Ecuador,
en Argentina, en Haití y en Perú, en México y más
allá.

Un proceso anual de renovación

Estamos disputando el tiempo, los tiempos y las
posibilidades de la vida digna. El 8M es una con-
traseña para las mujeres y disidencias en lucha.
La preparación de la convergencia anual feminista más grande abre un rico proceso de escucha,
debate y enlace. Para lograrlo, se revitalizan las
asambleas feministas en un gran número de ciudades y pueblos.

Colectivas y nodos feministas diversos se auto-
convocan y se encuentran. Sus interacciones
de sostenimiento y apoyo recíproco y cotidiano,
nutren poco a poco las asambleas feministas que
preparan el 8M. Se discuten los problemas más
álgidos y se produce diagnóstico y camino.

Las asambleas feministas no brotan de manera
espontánea, su capacidad de autoconvocarse des-
cansa en las acciones conjuntas y en los debates
que se sostienen a lo largo del año. Son dispositi-
vos de enlace que multiplican la capacidad común
en tanto vinculan y amplifican la fuerza de cada
colectiva. A veces este tejido resulta más difícil,
en ocasiones es más fluido. En todos los casos es
fértil.

A través de las asambleas feministas, que flo-
recen como jacarandas desde febrero, se anima
una vez más la disputa por colocar en el centro del
debate público el sostenimiento de la vida común
contra las fuerzas que la niegan y aplastan.

En cada país se expresan con palabras distintas, sentidos similares.

En las asambleas de Buenos Aires, como nos
ha contado Verónica Gago a través de sus cróni-
cas, la temática principal es la organización de la
resistencia contra la profunda debacle económica que el ultraliberal Javier Milei se empeña en
profundizar.

Se conocen y enlazan las necesidades de trabajadoras sindicalizadas con los reclamos de las
despedidas recientes de sus puestos de trabajo.

Se escuchan las dificultades cotidianas de quienes sostienen comedores populares que ya no abastecen para cubrir tantas carencias en medio de la inflación que no da tregua. Se organizan intercambios de útiles escolares cuando el dinero de las familias no alcanza para nada.

Así se va fraguando el repudio feminista al derechista gobierno de Milei, simultáneamente reforzando la ayuda mutua y fortaleciendo la convicción de que se debe establecer un límite a la destrucción del país.

En Cochabamba, en Bolivia, las asambleas que han vuelto a congregarse ligando lo que pasa en la vida de las participantes con lo que ocurre en el país ponen la precariedad de la vida como un problema central del presente. Parece no haber tiempo, ni dinero, ni estabilidad, ni modo de conseguirlo. La sensación se comparte y se esclarece la crítica condición económica que atraviesa Bolivia.

En la Ciudad de México esperamos con expectativa la inundación y el desborde violeta del 8M. En algunas asambleas preparatorias en esta enorme ciudad se ha enfatizado la importancia de que los feminismos en lucha mantengan una postura independiente, no partidista y que no se dejen subordinar por el progresismo local y sus ofrecimientos. Sobre todo, ahora, cuando la lucha por justicia y verdad protagonizada por las madres y familiares de víctimas de desaparición y muerte se intensifica en medio de las recién comenzadas campañas electorales.

Habrá que darnos tiempo, después del 8M, para desgranar y comprender lo que se ponga en juego en las calles. Sabemos, eso sí, que no nos encontramos para exigir igualdad en el desastre sino para continuar transformándolo todo.

En Cochabamba, las feministas politizan la precariedad

[Opinión • Claudia López Pardo
7 de marzo, 2024]

Nos encontramos con Rosa en la primera asamblea organizativa del 8M a la que llegamos con mucho esfuerzo el 24 de febrero. Ella es una joven de 29 años que hace parte del gran río de mujeres cocha-bambino que cada año suma fuerza, rabia, deseos y lucha.

En las asambleas, que se instalan en algunos parques de la ciudad, se habla de los temas que nos convocan a movilizarnos. En su intervención Rosa cuenta que hace poco más de un año tiene trabajos eventuales; ella, como otras jóvenes, tras terminar sus estudios universitarios, conforma la gran masa de mujeres con trabajos informales, sin seguridad social ni salario fijo.

El testimonio de Rosa es como una fuente de reflejo para muchas de nosotras cuando nos pre-guntamos cómo estamos. El año pasado ya lo decía otra compañera en su cartel: "Yo no soy fuerza de trabajo mal pagada". Esa consigna ilumina este tiempo contradictorio que nos llama a politizar los trabajos que realizamos las mujeres en los diferen-tes ámbitos de la vida.

Conectar esta reflexión con las crisis, si bien es un ejercicio encarnado, no es fácil de hacer. La sen-sación de estar orilladas a resolver como se pueda los efectos de la incertidumbre económica se siente como caminar en lodo. En los feminismos los debates que venimos dando sobre las crisis nos hacen ver una continuidad entre la pandemia, las dificultades de los sistemas de salud, y los efectos del ecocidio.

No está siendo sencillo *guardar centro* en un contexto donde las crisis se nos presentan como un denso ensamblado. Nuestra situación inestable nos genera un nivel de incertidumbre que estamos aprendiendo a gestionar y politizar desde los ámbitos del trabajo reproductivo y las tareas del trabajo inmaterial. Nuestra *autonomía económica* se encuentra en cuestión y es frágil, y asumimos que vivimos una vida precarizada.

Para responder a la pregunta sobre cómo estamos sosteniendo la vida en el actual contexto, me hace sentido partir de lo siguiente: las crisis recaen sobre cuerpos concretos. Entonces se hace urgente ampliar la mirada. En estas condiciones estamos llegando al 8M.

Caminando a contracorriente

La crisis económica, ecológica, política y social y los efectos que dejó la pandemia sobre la salud están presentes en un tiempo que niega su existencia y amplitud.

Vivimos en un enmascarado contexto político neoliberal que ha reforzado las dominaciones patriarcales, coloniales y capitalistas. Las mujeres que habitamos las diferentes luchas

pertenecemos a varias generaciones de mujeres urbanas que vivimos el hoy a partir de una
precarización creciente, asunto compartido que
alberga nuestra condición de profunda inestabilidad material basada en la falta de acceso a tierra-
territorio, a trabajo permanente, a vivienda y a
garantía de subsistencia.

En una conversación sobre cómo nombrar el
contexto actual, Carolina, de 30 años, dijo: "aunque hay crisis, hay comida". Esta afirmación
muestra que quienes están paliando la crisis son
los productores campesinos y las comunidades
que trabajan en la agricultura familiar. Los días
sábados y domingos, a muy tempranas horas,
en los mercados se puede encontrar a caseras
(vendedoras) que ofrecen diversos productos a
precios no tan elevados, aunque poco a poco van
subiendo.

¿Quién nos precariza?

Esta pregunta sobre la precariedad la hizo Fabu,
en la segunda asamblea organizativa del 8M. Bolivia está entrando a un tiempo muy complejo y es
difícil entender por qué el Estado no termina de
aclarar qué es lo que pasa en la economía. Lo que
sí sabemos es que el ciclo de "bonanza económica" proveniente del extractivismo ya llegó a su fin.

Mientras el Estado sigue apostándole al modelo extractivista, cuya geografía expansiva se ubi-
ca en el oriente, el debate actual se centra en la
economía del dólar, la subida de los precios de

los productos importados y la posible devaluación del peso boliviano. A la vez, los gobernantes navegan una crisis múltiple expresada en su propia incapacidad de mantener los puestos de trabajo y los salarios del sector público, como muestra el cambio de contratos laborales a contratos civiles, principalmente en el sector salud, educación, y en los municipios.

La realidad es innegable; gran parte de la crisis económica, de manera indirecta, está sostenida por la agricultura familiar y por las mujeres que realizan malabarismos para hacer alcanzar el dinero y asegurar que el alimento no falte en las casas. Lo que queda claro es que las injusticias continúan y las violencias también.

Con todo, las crisis se sostienen sobre el cuerpo de las mujeres y las comunidades que garantizan la reproducción de la vida.

Lo que nos junta

La vida se nos presenta imposiblemente dura y, aun así, el acuerpamiento es un deseo presente.

Para nosotras el 8M no es un evento aislado, es un proceso creativo inmenso donde se junta el trabajo político cotidiano y la fuerza desplegada. Una suma de prácticas políticas autónomas y autogestionadas que hoy en día nos animan a plantear un necesario debate con lo institucional del género y lo partidario. Es un proceso cuyo tiempo asambleario permite la deliberación para la creación de pisos comunes que abren propuestas concretas. La asamblea renueva la clave orgánica desde la politicidad feminista que va más allá de lo sindical y de lo partidario, hoy tan instalado como sentido común en Bolivia.

La asamblea, nuestra asamblea, permite la práctica del vínculo entre nosotras. Por ello, insistimos en el modo asambleario como una brújula que guía.

Este año crear movimiento está significando sostener relaciones y vínculos a diferentes profundidades. No es un ejercicio sin contradicciones, más aún en un tiempo de crisis que individualiza y aísla. El mensaje que determinan las asambleas dice así: "frente a la precarización de la vida, el 8M marchamos emputadas y organizadas".

Después de hablar, Rosa salió con prisa de la segunda asamblea, donde varias colectivas habíamos conversado largamente. Ella tenía prisa porque ese día se trasladaba de casa. Desde el año pasado, la sensación de que no es sostenible vivir sola se ha venido asentando, entonces decidió compartir vivienda, para así abaratar los gastos de alquiler y manutención. Al verla partir tan afanada, algunas pensamos: "Todas somos Rosa un poco o mucho, somos ella". Lo que nos junta es la certeza de que sólo podremos sostener la vida a partir de reactivar una y otra vez la forma comunitaria y todo lo que aprendimos sobre la colectivización de la política.

Para nosotras, las mujeres y las disidencias, el proceso del 8M es una afirmación que nos llena de fuerza y vitalidad.

8M en la CDMX: lucha y renovación feminista

[Reportaje • Dawn Marie Paley
14 de marzo, 2024]

Hay un viejo refrán que dice que uno no puede meterse dos veces en el mismo río. Esto es lo primero que me viene a la mente cuando intento describir lo que sentí al participar en la manifestación masiva de feministas, mujeres, personas trans y no binarias del 8 de marzo en la Ciudad de México.

Los primeros grupos empezaron a llegar al Paseo de la Reforma y al Monumento a la Revolución apenas pasado el mediodía. Aunque la marcha estaba programada para comenzar a las cuatro, para las dos y media un torrente de miles de personas ya había empezado a avanzar hacia el Zócalo de la ciudad.

Empecé la tarde con amigas, pero cada una de nosotras llegó a distintas partes de la marcha y vio cosas completamente diferentes. Un río, una marea, un tsunami de mujeres y disidencias tiñeron de morado el centro de la ciudad, y la experiencia fue distinta según el tiempo y el espacio.

Más tarde, el Zócalo, que puede albergar a unas 200 mil personas, estaba casi lleno y la marcha aún se extendía hasta el monumento del Ángel de la Independencia, cuatro kilómetros al oeste. La Secretaría de Seguridad Ciudadana de la Ciudad de México dijo que hubo 180 mil participantes, lo que seguramente es un cálculo insuficiente. El año pasado, la misma secretaría estimó la participación en 90 mil personas.

Nuestras emociones fueron enormes y diversas, igual que la marcha: militantes, gritando y coreando ("verga violadora, a la licuadora", "somos malas, podemos ser peores"); sollozantes y angustiadas por las vidas arrebatadas por la violencia; alegres, cantando, bailando y tocando instrumentos; otras herméticas y serias en sus contingentes.

"Tienes que prepararte psicológicamente días antes porque tienes todas las emociones a flor de piel", dijo Brenda Hernández, madre y activista que presiona para que se regule la marihuana. "La energía de todas las personas que están aquí se manifiesta en mucho amor, pero al mismo tiempo en mucha vulnerabilidad y en mucho coraje."

Hablamos alrededor de las dos de la tarde, mientras Hernández y una amiga buscaban a su contingente de pachecas [mujeres que fuman marihuana]. Mientras hablábamos, mujeres llegaban al Paseo de la Reforma desde las calles laterales y los callejones. Algunas ya habían empezado a marchar hacia el Centro, intentando llegar al Zócalo antes del anochecer.

La mayoría de quienes marchan el 8 de marzo lo hacen con sus colectivas o contingentes y a menudo se rodean con cuerdas o listones para evitar separarse o perderse en el tumulto. Como en años anteriores, la marcha serpenteó cómodamente a lo largo de Paseo de la Reforma y luego se fue compactando progresivamente a medida que avanzaba por las estrechas calles del Centro, para terminar desbordándose en el Zócalo.

Contra toda violencia

Un grupo que captó mi atención estaba formado por amigues y familiares de Jannine Estibali Alcántara Ramírez, que tocaba música como DJ Janny Vice hasta que desapareció en el Estado de México el 27 de octubre de 2023. Dos amigas de Jannine, con megáfonos, dirigieron consignas exigiendo justicia para Jannine, que estuvo desaparecida durante más de dos semanas antes de que las autoridades activaran la alerta de búsqueda. El cuerpo de Jannine fue encontrado en noviembre y permaneció en la morgue durante más de una semana antes de que su familia fuera notificada.

"Nosotros vamos a seguir exigiendo justicia y vamos a hacer mucho escándalo para todas las mamás que han sufrido de feminicidio", dijo Yolanda Ramírez, madre de Jannine. Hablaba entre lágrimas, con el rostro desencajado por el dolor, mientras sostenía un cartel en honor a su hija.

Ramírez estaba rodeada de familiares y amigues de su hija, todes elles solemnes y vistiendo camisetas blancas con una foto serigrafiada de Janinne. "Esperamos que esta pequeña cosita haga la diferencia y que diga que sí se puede hacer justicia en este país."

A lo largo de la tarde, vi a numerosos contingentes de amigas y familiares de mujeres recientemente desaparecidas o asesinadas, muchas de ellas del Estado de México. Su dolor y su rabia eran tan desgarradores que afligían e impactaban a todas las presentes. Mientras Ramírez hablaba, integrantes de su grupo, enlazadas por una delgada cuerda, se acercaron para consolarla. Otras pasaban a su lado, leyendo las pancartas y coreando: "¡No estás sola! Justicia para Janinne".

La asistencia masiva al 8M, no sólo en la Ciudad de México sino también en ciudades de todo el país, es aún más destacable si se recuerda que México sigue en guerra. En los últimos 17 años, más de medio millón de mexicanos han sido asesinados o desaparecidos e incontables más han sido desplazados por la violencia. La mayoría de las víctimas son hombres, pero son las mujeres y les disidentes sexuales y de género quienes más han luchado y denunciado.

Las estadísticas más recientes muestran que, entre enero y julio del año pasado, 1,627 mujeres fueron asesinadas en México, más de nueve al día. Además, según el Registro Nacional de Personas Desaparecidas y No Localizadas, el año pasado se denunció la desaparición o el extravío de 11,580 mujeres, de las cuales 3,128 aún no han sido encontradas. Casi la mitad de ellas eran de la Ciudad de México y del Estado de México.

Como se señala en el comunicado oficial publicado por la coordinación de la marcha, México tiene la segunda tasa más alta de crímenes de odio contra personas trans en el hemisferio: cinco mujeres trans fueron asesinadas en las primeras semanas del año.

Este año, la lucha contra todas las formas de violencia, una constante cada 8 de marzo, se reflejó en la presencia de carteles y pancartas en apoyo a Palestina. Un grupo considerable sostenía banderas palestinas y carteles que exigían el alto el fuego, el fin del genocidio y la libertad de Palestina. La guerra contra el pueblo de Gaza estuvo presente durante toda la marcha.

"La lucha palestina no me es ajena, el genocidio que está pasando es muy doloroso", dijo Fernanda, estudiante universitaria de 25 años de edad. "Ahorita hay que unir la lucha contra la violencia hacia la mujer con Palestina, también ahí las mujeres... pues el 70 por ciento de las personas que han asesinado son mujeres [y niños]."

Fernanda habló de lo que sintió al manifestarse en el Día Internacional de la Mujer. "Son sentimientos encontrados siempre que estoy en la marcha del 8, porque entre que se siente una vibra increíble, me siento muy segura aquí con todas y es muy bonito saber que venimos todas en conjunto, pero también es muy doloroso saber la causa de por qué estamos aquí, porque son violaciones y muertes."

Del abuso a la acción

Muchas de las manifestantes llevaban pancartas en las que denunciaban el abuso y acoso sexual que sufren en casa, en la escuela y en el trabajo.

Paula, de 12 años de edad, fue a la marcha con su mamá. Llevaba un cartel que decía: "Mi profesor de inglés es un abusador", con cada O rellenada con una carita triste diferente. "Estoy en la protesta porque en mi escuela, Guadalupe Núñez y Parra, hay un profesor que nos está intentando violar o así, entonces vengo aquí a protestar y a que nos vean porque no nos quieren escuchar [en la escuela]", dijo.

Paula, que fue la única alumna de su escuela en la protesta del 8 de marzo, asistió con su madre, Alejandra, quien me dijo que las autoridades escolares no hacen caso de las quejas de los alumnos y los acusan de hacer "bullying" a su profesor. Su presencia en la marcha, como la de tantas otras personas, está motivada por una experiencia directa de violencia, el deseo de que los agresores rindan cuentas y la esperanza de crear espacios más seguros para vivir y aprender.

En varios puntos de la marcha, vi a mujeres caminando con carteles que decían: "Mamá, hoy voy a gritar lo que te hicieron callar".

Esta apelación a la memoria y al reconocimiento de la creciente negativa de las mujeres y disidencias a ceder ante el abuso, la discriminación o el acoso me pareció especialmente poderosa. Revela una comprensión intergeneracional de la violencia contra las mujeres en México y deja claro que no es algo nuevo. Lo que es nuevo es el rechazo al silencio y la capacidad de reunirse y negarse a ser cómplices del abuso de las otras.

Vi marchar a miles de personas durante la tarde del 8 de marzo en Ciudad de México y, en algún momento, me di cuenta de que no había visto ni un solo cartel partidista ni un grupo relacionado con alguna candidatura. Las campañas electorales arrancaron la semana anterior, con dos mujeres contendiendo por llegar a la presidencia este mismo año. Ninguna de las candidatas estaba ahí y no había ningún apoyo abierto a ninguna de las dos.

El fracaso del gobierno mexicano a nivel federal, estatal y local en su respuesta a la violencia contra las mujeres y las comunidades está ampliamente documentado. Muchas de las pintas y carteles del 8 de marzo denunciaban la impunidad y la complicidad entre el Estado y los agresores.

Parte del poder y el gozo del 8 de marzo es la mezcla de sentimientos y emociones cuando cientos de miles de mujeres y personas trans y no binarias se reúnen para protestar y celebrar nuestra capacidad de resistir juntas.

En el 8 de marzo, este río de mujeres está formado, al examinarlo más de cerca, por miles de formas diferentes y autónomas de estar en pie de lucha: un grupo rasgando son jarocho, otro denunciando una desaparición, un grupo meneando el culo como parte de un colectivo de twerk transincluyente, otro marchando como un colectivo de "michis aborteras".

En el 8 de marzo, estas moléculas de resistencia se juntan para crear una energía colectiva que va mucho más allá de los confines del feminismo institucional y de las gastadas peticiones de igualdad y paridad. En cambio, disputa el tiempo, la justicia y el significado mismo de la lucha social, y está dispuesta a romperlo todo para construir algo nuevo en su lugar.

La fuerza feminista crece en Argentina, contra viento y marea

[Reportaje • Valen Iricibar • 15 de marzo, 2024]

Apenas pasaron las cuatro de la tarde en Buenos Aires, la hora de convocatoria, y sobre la Avenida Callao, a varias cuadras antes de llegar al Congreso, ya se ven los pañuelos y remeras verdes y violetas, colores abanderados del feminismo argentino: símbolos del derecho a decidir y la lucha contra la violencia de género.

Como dice el documento oficial que se leerá en unas horas en la plaza, el 8 de marzo es el Día Internacional de las Trabajadoras. Este año, el contexto argentino es otro.

"¡Hoy es mi día y no me lo vas a cagar!", grita Ayelén Hernández de Armas, una advertencia dirigida a su pareja para que la deje juntar latas en paz este 8 de marzo.

"Ser mujer en Argentina hoy en día es triste. Es muy triste", dice, mientras el caudal de manifestantes corre a su alrededor. "Es muy sometida, muy maltratada. Y con el cambio de gobierno está todo horrible: antes no tenía que juntar latitas, pedía en un banco, pero hoy en día la gente ya no puede ayudar, ya no dan una ayuda. Antes, cuando ibas a restoranes, te daban la comida que quedaba, pero ahora la llevan a su casa."

Según el colectivo Ni Una Menos, acudieron 400 mil personas al 8M en la Ciudad de Buenos Aires y un millón en todo el país: mujeres cis, lesbianas, bisexuales, travestis, trans, no binaries e intersex. La marcha anual arrancó con un verdurazo, donde la Asociación Mujeres de la Tierra regaló tres mil kilos de verdura, y tuvo como consigna en su documento oficial: "Estamos acá contra el hambre y el ajuste". Por su parte, el Observatorio de Deuda Social de la Universidad Católica de Buenos Aires proyectó un 60 por ciento de pobreza para marzo en su último informe hace unas semanas.

El texto consensuado entre las organizaciones convocantes refleja un panorama de retrocesos y ajustes: un terreno decididamente más hostil desde la llegada del gobierno del presidente Javier Milei.

"La libertad es nuestra y no de los mercados ni de los gobiernos", dice el documento feminista. Luego de una campaña fuerte contra el movimiento feminista argentino, el presidente lo designó oficialmente como enemigo en su discurso en el Foro Económico de Davos en enero. Ni bien asumió, relegó el Ministerio de las Mujeres, Géneros y Diversidad a una subsecretaría dentro del nuevo Ministerio de Capital Humano. Desde entonces, la ola de recortes en las políticas públicas de género incluyó el desguace de la línea 144 (que brinda

ayuda telefónica a víctimas de violencia de género, hoy con menor alcance) y la prohibición del
uso del lenguaje inclusivo en la administración
pública, entre otros.

"Esto se siente muy distinto que otros años. Si
bien en otros años tampoco estábamos bien, no
nos engañemos, este ninguneo que tenemos permanente todos los días del gobierno nacional está
terrible", dice Gloria Bisio, una jubilada que protesta con la agrupación Jubiladxs Insurgentes: un
grupo etario sobre el cual el ajuste ha recaído de
forma particularmente brutal. "Me siento que me
trata como si yo fuera un residuo, me entendés,
me quiere denigrar y yo no se lo puedo permitir."

El mismo 8 de marzo, en su conferencia de
prensa diaria, el vocero presidencial, Manuel
Adorni, anunció que a las mujeres que acudie-
ran a la marcha se les descontaría el día y que el
Salón de Mujeres en la Casa Rosada pasaría a ser
el Salón de los Próceres.

Por orden de la hermana del presidente, Karina
Milei, retratos de mujeres como María Remedios
del Valle (capitana afrodescendiente reconocida
como la "Madre de la Patria") y Diana Sacayán
(activista y referente travesti asesinada en 2015),
fueron tapadas por referentes históricos argenti-
nos. Todos hombres.

Otra diferencia que distingue este 8M en Buenos Aires: la presencia de oficiales de la Policía
Federal.

Están para implementar el protocolo de seguridad del nuevo gobierno, diseñado para impedir cualquier tipo de obstrucción al tráfico. Al comienzo, oficiales trazaban una línea oscura que bordea la plaza de Congreso y luego erigieron vallas, un hecho casi sin precedentes en marchas feministas, cortando ellos mismos la Avenida Rivadavia por completo.

"Ya no me llama la atención que estén, lo esperaba y esperaba peor, pero es completamente distinto a otras marchas", cuenta Alicia Rueco, trabajadora social uruguaya que vive en Argentina hace 40 años y coautora del blog AfroDecires. "En otras marchas estábamos más relajadas, más tranquilas, era una fiesta. Ahora es una lucha, pero una lucha fuerte."

"La Argentina es ejemplo de derechos humanos, del movimiento de mujeres, somos ejemplos, ¿no?", recalca Rueco. "Y bueno, vamos a hacer ejemplo de lucha también. Vamos a hacer ejemplo de lucha y de que vamos a resistir todo esto."

Una consigna repetida en los carteles era una promesa que homenajeaba la "marea verde" que luchó por el aborto legal, también presente en el comunicado feminista: "Fuimos marea, ahora seremos tsunami".

A la paleta habitual de colores feministas se agregaron el rojo, negro, blanco y otro tono de verde de la bandera palestina, con una solidaridad protagónica que no se vio en ediciones anteriores. También desfilan muchas banderas arcoíris, trans, no binarias y estandartes coloridos de múltiples organizaciones LGBTQIA+ y TTNB+, según la distinción que se hace en Argentina.

"Siento que militás todo el tiempo en las calles, más allá de que no sea una marcha. Porque ser mujer o disidente, bueno, trans no binarie o travesti es como una sensación de vértigo. No quiero que perdamos lo poco que tenemos", dice Mic Di Lorenzo, une manifestante autoconvocade cuyo cartel está decorado con la bandera trans y en marcador negro escribió "Feminismo trans inclusivo o nada".

Confiesa que tiene más miedo de salir a la calle desde que asumió el nuevo gobierno. "Toda la gente que me quiere me dice 'cuidate' y te da ganas de no salir a veces, pero sentí que había que estar en la calle y había que poner el cuerpo si se puede y si se quiere", dice Di Lorenzo.

Anochece y empieza de a poco la desconcentración, las avenidas Callao y Rivadavia colmadas por manifestantes.

Una nena con anteojos y trenzado francés se acerca a los oficiales cortando esa intersección de forma diagonal. Frena a unos metros, titubeando: gira a mirar para un lado hacia las mujeres que la acompañan y, para el otro, a los uniformes negros que de repente empiezan a acercarse para intimidarla. Su balanceo dudoso mueve las alas violetas de mariposa de cartón que lleva en la espalda con las palabras "Nos sembraron miedo, nos crecieron alas".

Aparecen nuevos oficiales, cierran huecos y avanzan de forma coordinada: las mujeres la envalentonan y cantan "Tiene miedo, la casta tiene miedo", revirtiendo el eslogan propagandístico que usa Milei.

Manifestantes se acoplan atrás suyo, sacan fotos. La mariposa mueve las piernas, sujeta la cámara rosa que tiene alrededor del cuello, pero se mantiene firme. Mira desafiante unos minutos más a los oficiales, al Congreso iluminado detrás, hasta que vuelve al abrazo grupal y la reemplaza una adolescente que se pone de espaldas, tapándose la cara con un cartel antifascista, una botella de cerveza entre sus zapatillas negras.

Hacia las nueve de la noche, las vallas imponentes siguen su corte total de tráfico sobre la Avenida Rivadavia. Gracias a la falta de autos, un embalse de manifestantes continúa su baile, iluminado por relámpagos.

Rabia feminista contra la violencia feminicida en Colombia

[Reportaje • Daniela Rangel
20 de marzo, 2024]

Ante la oleada de feminicidios en apenas dos meses de 2024, el movimiento feminista en Colombia tomó las calles con fuerza el 8 de marzo.

Desde el mediodía del viernes 8 de marzo, Día Internacional de la Mujer Trabajadora, las organizaciones feministas se dieron cita en diferentes puntos de Bogotá. El punto final era la Plaza de Bolívar en el centro histórico. El cierre de la noche prometía un concierto con varias artistas locales que, al grito de "América Latina será toda feminista", culminarían una fecha de conmemoraciones y reivindicaciones.

La preparación de la gran marcha en la capital empezó un mes antes, impulsada como desde hace cinco años por el proceso organizativo y de articulación feminista autónomo en Bogotá "Somos un Rostro Colectivo". Cada ocho días, en diferentes lugares, se daban cita quienes de manera voluntaria quisieran hacer un aporte al evento. Todas podían poner un grano de arena. Algunas lo harían con fotografías, otras con sus saberes jurídicos, otras más con sus saberes gráficos.

Este año la marcha del 8M tuvo como lema principal: "Con fuerza colectiva tejemos y defendemos la vida. Exigimos justicia y digna autonomía".

Las participantes reclamaban justicia para las víctimas de violencia de género en el país, ya que muchos de estos delitos suelen quedar en la impunidad. El Ministerio Público asegura tener registro de tres casos de violencia de género por hora en el país, en los cuales apenas el 10 por ciento de las víctimas tiene acceso a alguna ruta de justicia. Cuando se trata de casos con condenas los datos son más alarmantes. La misma entidad detalla que la impunidad en los casos denunciados roza el 98 por ciento.

Bogotá no fue la única con enormes movilizaciones. Los gritos de las colombianas se hicieron sentir en las principales capitales: Barranquilla, Cartagena, Medellín, Bucaramanga, Cali. En todas, la convocatoria fue multitudinaria. De acuerdo con datos de la Alcaldía de la capital se habían contabilizado al menos 8,000 personas protestando.

Entre esas miles, la diversidad era notable y sobrecogedora. Mujeres con enormes vientres de embarazo, adolescentes en sus quinces, bebés de brazos y niñas agarradas de la mano de sus hermanas y madres. También, y a diferencia de años anteriores, había varones cisgénero, más de lo que se pensaría. Pero la multiplicidad era plena.

Desde hace al menos tres años, el contingente de mujeres negras autodenominado bloque negro antirracista se ha tomado amplios espacios dentro de las protestas feministas. Este año tampoco faltó, pero además las mujeres con sus pañoletas negras y amarillas eran muchas más. "Lo feminista no te quita lo racista", exclamaban en medio de vítores.

Muy cerquita de ellas estaban las compañeras con experiencias de vidas trans y no binarias, que se han pronunciado contra espacios feministas porque han recibido insultos y violencia física en ediciones anteriores del 8M o el 25N, Día Internacional de la Eliminación de la Violencia contra las Mujeres. Sin embargo, pese a esas acciones este año, decidieron participar, reclamar su espacio y exigir respeto. Lo consiguieron.

Junto a las compañeras negras y las trans, ondeaban banderas enormes de colores blanco, el negro, el verde y el rojo que formaban la bandera de Palestina. Ese viernes, en todos los bloques había alguna referencia al genocidio en Gaza y en contra de la ocupación israelí. Quedó claro que, para las colombianas, rechazar el genocidio en Palestina también es una cuestión feminista.

Daniela Villamizar es madre y asistió a la marcha con un letrero que decía "Los cuidados sostienen al mundo". En diálogo con *Ojalá*, cuenta que su apuesta feminista es visibilizar las labores del cuidado que han sido feminizadas. "Debe ser una tarea del movimiento acompañar las maternidades y quienes están desde sus casas ejerciendo trabajos de cuidado sin ser remuneradas de ninguna manera."

Emergencia por violencia machista

"Hoy por mí, mañana por todas", "Aborta tu Galán [en referencia al apellido del alcalde]", fueron algunos de los cientos de pintas que quedaron en las paredes del centro de la capital. La acción directa estuvo muy presente no sólo ese día, sino los siguientes, en los medios que hablaban de un supuesto vandalismo.

El movimiento de mujeres en Colombia está furioso y con razón.

El inicio de 2024 ha sido particularmente violento. En poco más de dos meses de lo corrido del año ya se han registrado al menos 32 feminicidios, varios de ellos se han vuelto virales por su nivel de sevicia. El año pasado la cifra ascendió a 525 víctimas, según la oenegé Observatorio Feminicidios Colombia.

El cruento panorama persiste pese a que en Colombia hay un marco jurídico que sanciona las violencias basadas en género (Ley 1257 de 2008) y el feminicidio (Ley 1761 de 2015). La administración de Gustavo Petro se ha autodenominado feminista, e inauguró el año pasado el Ministerio de la Igualdad. Eso permitió que en el Congreso de la República se sancionara una ley que declaraba una emergencia por violencia machista.

Pese a todas esas políticas públicas y leyes, las mujeres siguen siendo asesinadas, en su mayoría cuando ya han alertado del riesgo. Alrededor de la mitad de las víctimas de feminicidio son madres. Casi mil menores de edad quedaron huérfanes por ese tipo de crimen desde el año 2020.

Ana María Granda es economista y trabaja para fomentar la economía del cuidado. Para ella el movimiento feminista, pese a la violencia estructural que viven en el país y sus debates internos, ha ido nutriéndose y creciendo abismalmente.

"Hace cinco años que vengo asistiendo a estas actividades y esta vez vi muchos tipos de manifestaciones, mujeres trans, mujeres negras, sindicalistas; eso es un logro enorme, que en la ciudad sepan que es un día nuestro y para manifestarnos", apunta Granda. Ella salió de su trabajo, agotada según cuenta, directamente a unirse a la marcha. Y se quedó hasta el final.

La represión

Entre gritos de justicia el movimiento feminista se fue tomando el centro de la ciudad y, a medida que se iban acercando a la Plaza de Bolívar, la represión llegó. Desde el inicio, alrededor de un centenar de policías estaba en las inmediaciones de las protestas. Cuando la tarde caía, también los gases lacrimógenos y las aturdidoras.

Para ese momento ya la luz natural era escasa y, sin saber por qué o quiénes dieron la orden, el escenario final que era la Plaza de Bolívar se quedó rodeado por agentes policiales.

Por suerte, y gracias a los antecedentes del movimiento social en Colombia, había un equipo de mujeres defensoras de derechos humanos preparadas para hacerle frente a la represión. A los más vulnerables los sacaron rápido del lugar, dialogaron con la policía, y tenían sustancias para minimizar el impacto de los gases.

Con todo, de a poco las manifestantes se fueron reagrupando. Se negaban a permitir que, de nuevo, el miedo les quitara su derecho a la calle y a exigir vivir sin violencia, esa misma que estaban ejerciendo. Horas después, la Alcaldía se limpió la culpa, al igual que el Gobierno Nacional.

En televisión abierta, el presidente Petro respaldó las luchas de las mujeres, rindió cuentas sobre las políticas del gobierno en materia de género y pidió perdón por "no actuar con la celeridad que corresponde".

En la ciudad de Medellín se presentó el caso más preocupante. Días después, la Alcaldía lanzó un cartel de búsqueda con los rostros de algunas de las manifestantes, tildándolas de vándalas y pagando una recompensa para conseguir su ubicación e identidad.

En Antioquia, el departamento del cual Medellín es la capital, se han registrado 19 feminicidios desde el principio del año. Esto sin mencionar que la ciudad presenta una grave presencia de mafias dedicadas a la explotación sexual, en particular de niñas empobrecidas. La furia feminista en sus calles era de esperar.

La mayoría de las mujeres que hablaron con *Ojalá* por mensaje desde Medellín coinciden en que el uso excesivo de la fuerza y la presencia policiaca empañó la esencia de la marcha y no tenía razón de ser. Muchas se han quejado ante las diferentes administraciones locales por no garantizar un espacio seguro para las niñas y jóvenes que salieron a las calles.

En el medio nacional *El Espectador* se pronunció una de las mujeres criminalizadas por parte de la Alcaldía de Medellín. Su rostro era uno de los seis que aparecía en un cartel de búsqueda.

En diálogo con ese periódico, señaló que marchó de manera pacífica por ella, que había sido abusada en varias ocasiones, y por el resto de mujeres que han sido violentadas. "Si antes salía con rabia a gritar, ahora más", afirmó. "Voy a seguir con mi pañoleta morada hasta el final, así tenga miedo."

Ante la fuerza represiva, emergió la fuerza de la unión y de la lucha. Tras el ardor de los gases y el temor de las aturdidoras, el pasado 8 de marzo las feministas colombianas se tomaron las principales vías, pintaron aquí y allá, se quedaron a oscuras en la plaza y permanecieron allí para culminar con baile la noche.

Todas con la decisión firme de que juntas somos como olas: crecemos.

Vuelve a florecer el 8M en Santiago de Chile

[Reportaje • Yasna Mussa
22 de marzo, 2024]

Decir que la marcha del Día Internacional de la Mujer, convocada por la Coordinadora Feminista 8M en Santiago, comenzó como un murmullo subterráneo no es una exageración. Desde antes de las 18:00 horas del 8 de marzo, la línea 1 del metro, que atraviesa la capital chilena de oriente a poniente, se llenó de mujeres de todas las edades con pañuelos verdes y morados que se iban sumando en cada estación.

El *glitter* en el rostro, los mensajes directos en sus bolsas y camisetas. "Las amigas también son el amor de tu vida", se lee en un letrero. "No sentir rabia es un privilegio", dice en otro. Hay un intercambio de miradas cómplices y les trabajadores que a esta hora usan el transporte público para volver a sus casas observan la escena desde un segundo plano.

El destino compartido se da por entendido. Un punto de encuentro que se asume sin que sea necesario pronunciarlo. A la Plaza de la Dignidad —como se rebautizó durante la revuelta de 2019 a la que se conoce oficialmente como Plaza Baquedano— llegan cientos de mujeres que luego serán miles. Casi 350,000 según las cifras oficiales entregadas por las organizaciones que convocaron para este 8 de marzo de 2024.

Estoy parada sobre el espacio que hasta hace no mucho fue un altar dedicado a las víctimas del estallido social. Hoy está cubierto de cemento como una obra pública que acaba de estrenarse, pero una mujer con capucha empieza a rayar una frase que reivindica la memoria: No olvidamos.

Antes de que termine de rayar, la gente avanza y en medio de esta marea es imposible retroceder. Un grupo de turistas se ve de pronto envuelto entre el estruendo de los gritos y tantas imágenes llamativas que no saben dónde posar la mirada. Salen bloques de manifestantes.

Hay abrazos de reencuentros y un grupo de mujeres de la barra del equipo de fútbol Universidad de Chile corea canciones que reivindican su pasión deportiva y su presencia feminista. "En la calle y el tablón, lucha y revolución", dice el lienzo con el que aparecen cargando sus banderas rojas y azules.

Con un enfoque internacionalista, la marcha fue convocada bajo el lema "Por un futuro sin violencia ni discriminación", con un explícito apoyo en solidaridad con el pueblo palestino y con las mujeres argentinas.

No sólo Santiago fue protagonista, sino que al menos otras 18 ciudades desde el norte al sur del país salieron a las calles e hicieron suyo el espacio público. "Este año volvemos a levantar la huelga general feminista y queremos poner algunos temas al centro", dijo Gabriela Jadue, vocera de la Coordinadora 8M, al canal *24 Horas*. "Seguimos exigiendo vidas libres de violencia, en lo que va del año llevamos 33 femicidios frustrados y siete consumados. Nos siguen matando y el sistema de justicia no nos protege."

Jadue manifestó que este 8 de marzo "queremos hablar de la seguridad que necesitamos para cuidar, para criar y para trabajar, para poder ejercer nuestros derechos reproductivos". Además, desde la Coordinadora hicieron un llamado a que los hombres no participaran de las distintas actividades convocadas a nivel nacional, y en reemplazo realicen otras labores.

Caminando juntas

Tres generaciones caminan hacia la estación Los Héroes, donde está convocado el acto central de esta conmemoración feminista. Valentina Soto, 26 años, sostiene un letrero que dice "El trabajo doméstico sostiene al capital".

Soto ha venido desde la provincia de Melipilla, junto a su madre y su hija de 6 años que por primera vez asiste a una marcha. "Para mí es muy importante venir juntas. Ella entiende muy bien todo lo que significa el 8M, por qué estamos acá y me quiso acompañar", dice Soto.

Explica el mensaje que sostiene entre sus manos. "Quiero reivindicar el trabajo doméstico y de cuidado, ya que hasta el día de hoy no es reconocido y es lo que sostiene el capital", dice Soto. "Gracias a eso muchos hombres pueden desarrollarse laboralmente, pueden hacer su vida y nosotras nos tenemos que relegar a las labores domésticas sin reconocimiento, sin pensiones de vejez y sin protección tampoco. Ni siquiera tenemos salud."

Cuando el presidente Gabriel Boric asumió el poder anunció que el suyo sería un gobierno feminista. Además de nombrar por primera vez a una mujer como ministra del Interior (primero, Izkia Siches, y luego, Carolina Tohá), integró también a Antonia Orellana, ministra de la Mujer y Equidad de Género, al Comité Político.

Además de esas señales, la actual administración anunció una ley de guardería universal y puso en marcha la ley de Responsabilidad Parental y Pago Efectivo de las Deudas de Pensión de Alimentos, en un país en que sólo el 16 por ciento de los hombres demandados está al día en la manutención de sus hijos.

Otro avance fue el anuncio de la rebaja del precio de los anticonceptivos y la ampliación en el número de cirugías de incontinencia urinaria para mujeres.

Hay hechos concretos, pero también deudas, sobre todo en materia de seguridad, de violencia y delitos sexuales contra las mujeres. "Lamentablemente, aunque este gobierno dice ser un gobierno feminista, no ha impulsado ninguna reforma ni leyes que nos protejan a nosotras", dice Soto. "Siempre nos quedamos al margen."

En otra esquina una mujer escribe un mensaje en su celular mientras sostiene con su hombro una bandera palestina enorme. Es una entre miles, en una marcha que ha tenido como campaña mundial exigir el alto el fuego y fin al genocidio en Gaza.

"Las marchas no son suficientes", dice Catalina Abdul Masih, miembro de la Comunidad Palestina en Chile y que esta tarde de viernes sostiene un lienzo en que aparece la bandera palestina junto a la bandera mapuche. Después del inicio de la invasión de Gaza, el gobierno chileno citó a su embajador en Tel Aviv y acusó a Israel de "violación sistemática del derecho internacional" ante la Corte Internacional de Justicia de La Haya, pero según Abdul Masih, no basta. "Se tienen que cortar relaciones con Israel, tenemos que dejar de subsidiar con nuestros impuestos esta guerra. Son 75 años de genocidio."

A nuestro paso se abre un abanico de diversidad. Es tanta la gente que debemos parar varios minutos antes de continuar la ruta. La respuesta de este año ha sido aún mayor en una marcha que suele tener una amplia convocatoria.

La amenaza de la extrema derecha es un hecho concreto: hace apenas dos años José Antonio Kast, el candidato que representa al ala más conservadora de la sociedad, pasó con la mayoría de los

votos a segunda vuelta presidencial y represen-
tantes de su sector aumentaron su presencia en
el Congreso.

Si bien la llegada de Gabriel Boric fue un respi-
ro a la inminente amenaza, las mujeres y disidencias continúan luchando en las calles sin dar por
sentado su autodefinición como gobierno feminista para denunciar violencias a diversas escalas y
por conquistar derechos.

Hartas

Antes de llegar a la Biblioteca Nacional de Santiago una mujer sostiene un letrero en el que
aparece su retrato de juventud y un mensaje que
detiene la marcha. En pequeños grupos, mujeres
de distintas edades ponen su atención y sentidos
en la pancarta. La abrazan, le susurran al oído, la
acarician en silencio.

"Yo participé en el 8M del 2020. Vine con este
letrero chiquitito para hablar por primera vez de
que había sido abusada, a los 16 años, por un hombre que era un laico que trabajaba en la Vicaría
de Pastoral Juvenil en los 1980", dice Verónica San
Juan, su voz cargada de emoción y el recuerdo a
flor de piel. Hace cuatro años, por primera vez,
logró poner en palabras la experiencia traumática
de abuso a la que fue sometida en su adolescencia.

Dice que lo que ocurrió ese día en la marcha
del 8 fue impactante para ella. "Lo mismo que me
está pasando ahora, que las mujeres se me acerca-
ban, me abrazaban y yo estaba muy emocionada,

porque habían pasado 36 años antes de que yo pudiera hablar", dice San Juan, al lado de su amiga Zulema.

El 8M ha significado un antes y un después para San Juan. Luego vino la pandemia y su dolor volvió a transformarse, mientras otras preocupaciones se volvieron prioritarias.

"Pero hoy día quise volver porque tengo noticia de que este hombre no sólo abusó de mí, aprovechando su poder", dijo. "No solo de mí, sino que de otras chiquillas, incluso de niñas. Ahora ya sé que no soy la única."

Aunque las denunciantes saben que el delito prescribió, han decidido seguir adelante.

"Queremos que su nombre sea conocido porque fue protegido por la Iglesia, porque fue protegido incluso por gente con poder civil. Entonces ahora vamos a hacer toda esta denuncia. Aunque después nos digan que no se puede investigar. No importa, porque igual vamos a decir su nombre. Igual vamos a desenmascararlo", dice San Juan, mientras Zulema la sostiene del brazo. "Ojalá que estar parada aquí le pueda servir a alguien para remover el silencio. No sé si soy valiente, pero me siento muy bien porque puedo ir ahora adelante con esta historia."

Sororidad

Más adelante, colectivos trans y de disidencias avanzan frente al imponente Centro Cultural Gabriela Mistral. Este año, a diferencia de los anteriores, había una diversidad que se desplegaba por todas las calles que formaban parte del recorrido. Banderas, cánticos y consignas apelan al derecho trans de marchar sin ser atacadas por el transodio, así como a terminar con la exclusión a la que la comunidad ha sido sometida.

Les preocupa seguir invisibilizadas, por lo que desde la asociación Organizando Trans Diversidades manifestaron su preocupación por la puesta en marcha del Censo 2024 con errores conceptuales relacionados a preguntas de género.

Justo detrás, Daniela Henríquez, psicóloga y directora ejecutiva de la ONG Efecto Mariposa sostiene un lienzo en el que apelan a una salud mental con perspectiva de género.

"Ser mujer también es un factor de riesgo con respecto a la salud mental, ya sea por las obligaciones, los estereotipos, la percepción... y por la doble jornada", dice Henríquez.

Según el Termómetro de la salud mental en Chile, publicado en abril de 2023, el 26 por ciento de las mujeres chilenas ha reportado sentirse en soledad, es decir, sentirse aisladas, excluidas por los demás o que les falta compañía. En este mismo estudio se indica que de igual manera sucede con la depresión y el insomnio: las mujeres lo padecen en mayor medida que sus pares masculinos.

Por eso Hernández se alegra de ver una diversidad de expresiones que se han volcado a las calles en este 8 de marzo.

"Vemos más mujeres trans, vemos más jóvenes que están viniendo también a aprender y reaprender y reconfigurar la figura femenina", dice la representante de Efecto Mariposa.

La marea avanza en dirección al escenario instalado al final del recorrido donde se ha dispuesto un espacio para el cierre con un acto político-cultural. Por esa tribuna y bajo las luces hubo música, humor, discursos políticos y presentaciones artísticas feministas. La senadora Fabiola Campillai, sobreviviente de la violencia policial durante el estallido de 2019 y uno de los íconos en la lucha por los derechos sociales y humanos, toma el micrófono y es ovacionada por las asistentes.

Pasadas las 21:00 horas los alrededores del escenario comienzan a vaciarse.

A diferencia de otras convocatorias, no hay mayores problemas con la policía y las autoridades informan que no se reportan disturbios, aunque también cifran las asistentes en sólo 35 mil personas.

Los registros dicen otra cosa: han sido cientos de miles las que salieron, otras tantas las que se asomaron por los balcones a saludar, para sumarse de alguna u otra forma. El 8 de marzo en Santiago fue un día de huelga general feminista y conmemoración, pero también un espacio para acompañarse y "seguir construyendo una alternativa de transformación", en palabras de sus organizadoras.

México, a 10 años del desbordamiento violeta

[Opinión • Libertad García Sanabria
4 de abril, 2024]

La vivencia de una marcha se construye colectivamente desde sus fragmentos situados. Rostros, carteles, acciones concretas, consignas que emergen. Las tareas previas y los efectos —tanto personales como los comunes al grupo de mujeres que coincidieron— se producen en conjunto en ese hito que es cada 8 de marzo.

El 8M de 2024 para mí ha sido catártico. Inesperadamente gozoso, disruptivo y alegre por el convite con las amigas y con nuevas cómplices que expanden mi círculo en la ciudad de Oaxaca.

Extrañando a otras con quienes ahora no hay coincidencia y atravesadas por el aniversario de una agresión misógina y machista que recibió una compañera muy cercana y amada, también fue ocasión de dolencia colectiva.

Pudimos expandir la potencia de tomar la calle por todas las que estuvieron, por las que ya no están, por las que estamos y por las que vendrán algún día a la marcha por el Día Internacional de la Mujer. A mí me convoca más decirle, simplemente, 8M.

Traer y extender la experiencia de bailar juntas, de ocupar la calle, de incomodar un poco el escenario higienizado y de temática turística en que se ha convertido la ciudad de Oaxaca. Para llegar acá hemos andado otros caminos juntas.

Expansión y memoria

En 2024 se cumplen diez años de lo que considero fue un desbordamiento feminista en México. Esa percepción se entreteje con la historia del movimiento feminista en la Ciudad de México —donde entonces vivía— y de mi alesbianamiento al inicio de mis treintas.

El abrazo al lesbianismo feminista fue sumergirme en profundidades vitales que mi feminismo heteronormado y mi práctica heterosexual ni siquiera habían advertido, menos cuestionado.

Hace diez años se abrieron momentos de mucho activismo, de salir a las calles con otras, de extensos diálogos cobijados en asambleas de mujeres, de encuentros con otras semejantas y de visibilidad en aquella ciudad. Desde el trabajo para visibilizar la violencia lesbofeminicida en Bellas Artes el 17 de mayo de 2014 hasta la marcha del #24A contra la violencia de género el 24 de abril, 2016.

En esos años abrimos el espacio feminista La Gozadera en el céntrico y estratégico barrio de San Juan de Letrán, territorio que fue gentrificándose hasta expulsarnos años más tarde.

El asesinato de Alessa Flores nos encontró reunidas en asamblea por el asesinato de Paola Buenrostro en octubre de 2016. Desde entonces la bandera trans con el nombre de Alessa estuvo físicamente presente en nuestra casa Gozadera hasta que cerramos el espacio.

El incendio en casa Hogar Seguro Virgen de la Asunción de niñas en Guatemala, en el cual fallecieron 41 niñas y adolescentes, también un 8 de marzo, nos quebró en 2017. En diálogo con compañeras de la organización Claveles Rojos Guatemala pudimos comprender la contradictoria densidad de la violencia simbólica del fuego usado tantas veces para arrasar las rebeldías en ese territorio.

En ocasiones, el dolor se nos desbordó. Lesvy Berlín Osorio fue víctima de feminicidio dentro del campus universitario de la UNAM en la Ciudad de México el 3 de mayo de 2017 por parte de su entonces pareja. Su rostro se me volvió entrañable a través de un cartel que, a la entrada de nuestro local, incansable pedía justicia.

La pérdida de tantas compañeras nos reunió con otras a quienes fue un honor prestarles la casa para ruedas de prensa, asambleas, eventos de recaudación; para conversar, recibir terapia, consuelo y acuerpamiento.

En 2018 nos convocaron las mujeres zapatistas. Conmemoramos juntas aquel 8 de marzo en el Caracol 4 Torbellino de Nuestras Palabras, en Chiapas.

En diciembre de 2019, su convocatoria nos hizo coincidir al sur del país, esta vez en el Caracol Morelia, para recordarnos que entre nosotras el acuerdo es vivir.

De ahí, el feminismo se desbordó en las calles y en los barrios periféricos, los feminismos se multiplicaron, las genealogías feministas crecieron cual rizomas.

A algunas nos crecieron ramificaciones, nos entretejimos en alianzas inéditas. Y sucedieron también cuestionamientos, pluriversas posturas no siempre coincidentes, rupturas y distanciamientos, entre cercanas y lejanas, e incluso se abrieron cicatrices y heridas de otros ayeres feministas.

En 2020, iniciando el quinto año del espacio La Gozadera, el pilar económico que habíamos sostenido, alcanzaba para las demás actividades: cubría los salarios de alrededor de 10 compañeras que ahí trabajábamos e incluso nos permitía un incipiente margen de reinversión.

Entonces vino el inmenso 8M de 2020.

Con mantas y tamboras salimos juntas a las calles. Aquel año habíamos ya integrado la dinámica de preparar ollas de comida para invitar un taco a las compañeras que, después de la marcha, quisieran llegar a conversar.

La semana posterior a aquella gran movilización se declaró el cese de actividades por la pandemia de Covid-19. En septiembre de 2020 anunciamos el cierre de La Gozadera.

Otro territorio para marchar hoy

Han pasado una pandemia y al menos dos guerras desde entonces.

Hoy percibo el recrudecimiento de violencias estructurales que se ensañan en el cuerpo de las mujeres. Violencia narcocriminal, precarización, expulsión intensificada de habitantes de territorios urbanos y rurales nombradas como gentrificación y turistificación. Las "olas de migración" que son exilios. A veces son "sexilios", como dice Norma Mogrovejo: única opción frente a la lógica de muerte y de aceptación de una vida violenta para tantas personas disidentes de la heterosexualidad obligatoria en los sures globales.

En la ciudad de Oaxaca, este 8M 2024 presencié numerosas intromisiones irrespetuosas de personas que con sus prisas y violencias querían atravesar el cuerpo colectivo que estábamos tejiendo marchando juntas. Aprender a poner límites es un ejercicio corporal que entre todas hay que ejercitar con más frecuencia. Contagiarnos la potencia unas a otras.

Durante la marcha también vi otras muchas personas indiferentes y otras muchas observando, un poco inmovilizadas. Nosotras continuamos tejiendo.

En esta ocasión la movilización estuvo llena de voces de compañeras menores. Mi mirada se inundó con la gráfica hecha de cantos al futuro esperanzado y a la memoria del fuego legado por las ancestras.

Mis ojos y mi política no extrañan las enormes mantas plastificadas. Saludan, más bien, las consignas a gritos que persisten ensayando su potencia, me emocionan los carteles con inéditas voces:

"Quiero amigas egresadas, no enterradas."

"Quisiera ser un monumento para que me protejan."

"Mi país es feminicida."

"Grito lo que mi abuela calló."

"No somos competencia juntas somos resistencia."

"Las niñas de Gaza no son una amenaza."

Repensando los últimos 10 años de desborde feminista en México, quiero recuperar dos gritos de justicia y dos legados presentes que hoy me cimbran y me convocan a buscar la calle para caminarla acompañada cada 8M.

El pasado 19 de febrero se aprobó en la Ciudad de México la Ley Malena, que tipifica el delito de violencia por ataques con ácido, sustancias químicas o corrosivas hacia mujeres, adolescentes, niñas y niños, personas transgénero y con discapacidad.

Tras una batalla legal y mediática a raíz del intento de feminicidio por ataque de ácido que vivió María Elena Ríos Ortiz por parte de Juan Antonio Vera Carrizal, entonces diputado del Partido Revolucionario Institucional (PRI), hoy es una realidad el ensanchamiento de la ruta a la justicia formal para muchas mujeres y personas diversas, al menos en la Ciudad de México.

El segundo grito de justicia es por el caso de "Chío" Rocío Esmeralda N, quien el 2 de abril de 2023 sufrió un ataque de lesboodio en Tlalnepantla, Estado de México. Al defender su vida y la de su pareja se generó una situación que la llevó a prisión inculpada de tentativa de homicidio.

Cierro evocando dos inmensos legados. Primero, el de Francesca Gargallo, rebelde, feminista transfronteriza, maestra, amiga, quien trascendió el 3 de marzo de 2022. Y segundo el de Chuy Tinoco, lesbiana feminista autónoma, maestra siempre crítica, que partió a inicios de febrero de este 2024. Sus pensamientos y existencias marcharán siempre entre nosotras.

Mujeres negras tejiendo resistencias

[Opinión • Génesis Anangonó
11 de abril, 2024]

Una parte de la historia de las mujeres negras está marcada por la violencia y la deshumanización que provocan la esclavización, el colonialismo y el racismo estructural. Pero, lejos de ser víctimas pasivas, las mujeres negras y afrodescendientes han desarrollado estrategias de resistencia colectiva que empezaron con las rebeliones contra lxs esclavistas para acceder a la libertad y se extendieron a las luchas por los derechos sexuales y reproductivos para no parir esclavizadxs.

Martina Carrillo fue una de las primeras mujeres negras en alzar su voz y resistir a las condiciones de vida que experimentaban lxs esclavizadxs en las haciendas en Ecuador. En el año 1778, Carrillo salió con rumbo a Quito para denunciar ante el presidente de la Real Audiencia de Quito los malos tratos, la falta de alimentación, vestimenta, vivienda y días libres para trabajar la tierra.

Ante el temor de que esta acción provocara rebeliones entre lxs esclavizadxs, el presidente José Diguja solicitó por escrito poner fin a los malos tratos, pero el administrador de la hacienda La Concepción hizo caso omiso y castigó, con extrema crueldad, a Carrillo, propinándole 400 latigazos que le abrieron el pecho. La acción de denuncia de Martina Carrillo fue el inicio de la rebeldía cimarrona en el territorio ancestral afrochoteño.

Como Carrillo, las mujeres negras y afro-descendientes sostenían —y sostienen— luchas e insurgencias en América Latina y el Caribe. Muchas pueden ser leídas como insuficientes, quizás porque su impacto es más localizado, pero sigue siendo trascendental para las mujeres en los territorios, en sus casas y en los espacios que habitan.

A propósito del Día Internacional de la Mujer, este 8 de marzo, en el Centro de Arte Contemporáneo, conversé con tres mujeres afrodescendientes sobre el cimarronaje de las ancestras, para recordar su legado y el significado de nuestras resistencias frente a los feminismos hegemónicos en Ecuador.

Visibilizando las luchas de mujeres negras

Katherine Chalá Mosquera es antropóloga e internacionalista, y actualmente responsable del Centro de Investigación de Estudios de África y Afroamérica (CEAA) de la Universidad Intercultural de las Nacionalidades y Pueblos Indígenas en la ciudad de Quito. Chalá se define como una mujer afrodescendiente, hija del territorio ancestral del Valle del Chota, La Concepción y Salinas. Junto a la Federación de Comunidades y Organizaciones Negras de Imbabura y Carchi (FECONIC) y el Centro de Investigaciones Familia Negra (CIFANE),

Chalá ha podido entender las realidades que habita siendo una mujer afrodescendiente que creció junto a otras mujeres afrodescendientes.

Chalá Mosquera recuerda que las luchas de las mujeres de su entorno no han estado en el espacio público, educativo o reivindicativo. "Esas luchas y propuestas [de las mujeres de los territorios] no las veía en las marchas o en la academia, no las veía ni las veo ahí, pero las veía y las veo en otros espacios, luchando todos los días, todo el tiempo", dijo.

La historia de las mujeres negras y afrodescendientes en la lucha por la igualdad es larga, dice Chalá Mosquera, pero aún se torna compleja de entender "casa afuera". Desde los tiempos de la esclavización, las mujeres negras y afrodescendientes han resistido la opresión de género, clase y raza, luchando por la libertad y la justicia.

Internacionalmente figuras como Sojourner Truth, Harriet Tubman y Angela Davis han sido líderes en la lucha por los derechos de las mujeres negras. Pero en Ecuador y la región las contribuciones de las mujeres negras y afrodescendientes no siempre han sido valoradas. En muchos casos, han sido marginadas por un movimiento dominado por mujeres blancas.

El feminismo hegemónico está enraizado al poder y uno de los peligros que supone es que niega la posibilidad de que otras experiencias de vida sean habitadas por las mujeres, posicionando la existencia de un solo modelo de "la mujer" e ignorando las intersecciones de raza, clase y género. El feminismo hegemónico busca la "igual-dad" excluyendo de la conversación a las mujeres racializadas, como explica Lois Nwadiaru, una mujer que se reconoce como negra, afroguayaqui-leña y feminista.

Aunque existe la idea de que "somos diversas, al final del día se sigue posicionando que todas somos mujeres y nos pasa lo mismo; y no", explica Nwadiaru. "Yo no soy solo mujer, yo tengo otras cosas que me intersectan y necesito que hable-mos de eso."

Los feminismos negros y latinoamericanos, hoy, interpelan al feminismo hegemónico a través de diversos marcos teóricos y conceptuales que permiten comprender cómo las diferentes formas de opresión —raza, género y clase— se intersec-tan y afectan de manera particular a las mujeres negras y afrodescendientes, porque reconocen las diferentes formas de opresión y buscan trans-formar radicalmente la sociedad.

"Antes del siglo XX —cuando las luchas de las mujeres empiezan a tomar relevancia— ya había otras luchas antipatriarcales, pero la historia ha sido mezquina en reconocer todas estas luchas que nos anteceden; y que aún las vivimos a dia-rio, porque existir en esta cuerpa de una mujer negra-afrodescendiente también es una lucha constante, para, simplemente, poder existir", dijo Alison Pabón Tadeo, una mujer afrodescendiente nacida en la urbanidad pero muy cercana al terri-torio ancestral afroecuatoriano Valle del Chota, La Concepción y Salinas.

Resistencia por la vida

Como explica Pabón Tadeo, a lo largo de la historia, las mujeres negras y afrodescendientes han sido protagonistas de resistencias e insurgencias fundamentales para la transformación social y la vida.

Pabón Tadeo aclara que para muchas mujeres negras y afrodescendientes esas resistencias representan, aún hoy, la vida, pues se han convertido en una herramienta para la supervivencia en un mundo que las margina y las oprime.

Ni las ancestras ni nosotras hemos sido tratadas como mujeres. Antes, y todavía hoy, aún se duda de nuestra humanidad, pues las realidades de las que el feminismo hegemónico habla no siempre nos atraviesan.

A nosotras nadie nos ha tratado como la damisela en apuros que necesita ser salvada, nunca hemos sido privadas de acceder al trabajo ni consideradas "virginales". La deshumanización es constante en este sistema patriarcal marcado, también, por el racismo.

Sin embargo, este conjunto de opresiones también debe ser entendido adecuadamente.

"Hay un ejercicio erróneo del entendimiento de la interseccionalidad en el que nos dicen 'sí, vamos a sumar mujer + negra + empobrecida + trans + anciana...' y parecería que es una suma de categorías a ver quién da más", dice Nwadiaru. "Ése ha sido un problema metodológico de la interseccionalidad que también ha sido cuestionado por las feministas descoloniales, porque no podemos pensar nuestras identidades como una sumatoria de cosas, sino como un todo."

Cuando se habla de opresiones no se lo hace como si de una olimpiada se tratara, se lo hace para entender, por ejemplo, por qué ser mujer negra, empobrecida y rural limita el acceso a derechos básicos y da pie a que otrxs hablen por nosotras.

Mientras el feminismo hegemónico busca espacios de participación política y romper techos de cristal, las mujeres negras y afrodescendientes nos resistimos y oponemos a la violencia colonial que todavía intenta tutelarnos.

Respondemos con acciones vinculadas al cuidado de la tierra y los territorios, cuidándonos y curándonos con medicina ancestral y trayendo al presente las memorias y luchas de las ancestras que, como Carrillo a través de su fuga, constituyen un acto de insurgencia. En un contexto de deshumanización, desafiar al sistema es un acto de enorme riesgo que, ante el anhelo de libertad, nosotras elegimos tomar. Resistimos para transformar nuestras realidades y convertir nuestras insurgencias en resistencias colectivas contra la esclavización que, aunque fue abolida, no ha desaparecido, sólo ha evolucionado.

Nuestras ancestras, como Martina Carrillo, nos recuerdan que la lucha de las mujeres negras y afrodescendientes por la libertad y la justicia es histórica. Nos llevan a interpelar el presente y, de paso, a los estudios de género, pues por mucho tiempo se ha posicionado la idea de que las únicas luchas y resistencias válidas son aquellas que se conjugan con el mandato del feminismo hegemónico.

En este contexto, las calles, las plazas, la academia y el 8 de marzo se convierten también en espacios cruciales para visibilizar las diferencias y re-pensar el feminismo o, mejor dicho, los feminismos. Sin embargo, como nos han enseñado las hijas de la diáspora africana en las Américas, cuando la resistencia es una práctica constante, no siempre hace falta explicar o teorizar nuestra existencia ni nuestra vida.

Preguntas para un futuro feminista

[Opinión • Raquel Gutiérrez Aguilar
12 de abril, 2024]

Celebrar y aprender del 8 de marzo no significa que queremos quedarnos ahí.

En los días de marzo, cuando se despliega la energía de lucha de manera condensada, junto a la potencia también se vislumbran los desafíos y problemas a los que conviene destinar atención.

Hay cuatro preguntas que considero claves y cuyo bosquejo de respuesta ensayo en estas líneas a modo de, como dice Donna Haraway, "seguir con el problema".

¿Cómo sostener y ampliar la radicalidad en un movimiento tan masivo?

En *La potencia feminista o el deseo de cambiarlo todo*, Verónica Gago sostiene que cuando los feminismos volvieron a ocupar las calles con indignación compartida y amplísima convocatoria allá por 2016, se generó un bucle que logró trenzar masividad y radicalidad. Era 2019 cuando Gago presentó esa idea. Cinco años después, con las huellas de una pandemia y varias guerras a cuestas vale la pena volver sobre esa afirmación.

Nuestro repudio compacto y sintonizado a las violencias —a todas ellas, a las que se viven en el ámbito íntimo y familiar tanto como a aquellas que se desatan sobre los territorios para asegurar múltiples formas de despojo y saqueo— ha sido objeto de una inmensa operación política de separación y desconexión.

Las leyes contra la violencia contra las mujeres promulgadas en muchos países se han convertido en letra muerta. Es más, no se han conjugado con otras regulaciones que detengan los procesos extractivistas y de devastación en los territorios. Más bien, estos últimos se han acelerado generando todavía más violencia. Ahí están Argentina y Ecuador exhibiendo sus nuevas heridas.

Las respuestas fragmentarias y fracturadas por parte de los Estados y gobiernos en sus distintos niveles a nuestras exigencias no solucionan los problemas que hemos puesto en el tapete. Más bien, se han dirigido a dificultar o romper las alianzas entre nosotras.

Una n-ésima versión del adagio del viejo ejército colonizador romano: "divide y vencerás".

Nuestras luchas contra todas las violencias no tienen como intención la instalación de alguna supuesta y falaz "protección del Estado". Empujamos, más bien, hacia el trastocamiento e impugnación de las relaciones de explotación y expropiación sistemáticas que nos permita recuperar tiempo para organizarnos y sostener la vida colectiva de manera más digna. Las leyes y los reglamentos introducidos desde arriba, que tienden al punitivismo y la vigilancia, fracturan, confunden y despolitizan.

Luchar juntas en las calles para confrontar todas las violencias significa, antes que cualquier otra cosa, interrumpir el orden de la dominación para abrirnos a la creación de renovadas alianzas desde experiencias vitales diversas que alimentan múltiples ensayos de construcción de espacios y procesos de acuerpamiento para sortear las más duras dificultades que se imponen cotidianamente.

Esas luchas sintonizadas y potentes amplifican las prácticas de nuestra propia libertad, la de cada una y une y la de las demás. Amplían la autonomía de nuestros cuerpos heterogéneos y diversos y de la manera en que elegimos contar nuestras historias.

Si bien hay asuntos que conviene volver derechos para consagrarlos en el Estado, como el derecho al aborto legal, seguro y gratuito, no es ahí donde yace la fuerza del movimiento feminista. En el Estado, a través de los derechos ahí incorporados, conseguimos únicamente marcar mínimos límites a las peores formas de negación de nuestros cuerpos y deseos.

La radicalidad de nuestras fuerzas se sostiene en aquello que seamos capaces de construir y componer: alianzas múltiples, casas y escuelas feministas, cooperativas de muchas clases, etc. En tales habilidades creativas gestamos la fuerza común.

A lo largo de todos estos años, no cabe duda que ha sido difícil mantener la deliberación colectiva de lo que las mujeres y las disidencias necesitamos y deseamos. Queremos cambiarlo todo y darnos colectivamente formas dignas de reproducir nuestras vidas. De ahí la relevancia de seguir impulsando estos debates y de nutrir las reflexiones sobre los caminos que hemos de recorrer.

¿Cómo evitar las múltiples *capturas* de las que son objeto las luchas feministas?

Sabemos, por historias pasadas y experiencias de lucha muy distintas que quienes dominan, tras fisurar o romper las alianzas más radicales, ponen empeño en capturar la energía disruptiva que se desata en los periodos de luchas masivas. Las energías de lucha feministas también han sido objeto de estrategias de captura y despolitización.

La indiferencia y desatención ante exigencias una y otra vez expuestas en las calles, en los centros de trabajo, en las escuelas y en las casas, conducen al cansancio y, a veces, al desánimo. Esa sensación, que a veces se expande entre algunas, se disipa por el empuje de la irreverencia beligerante de las más jóvenes.

Pese a ello, quienes dominan no dejan de sembrar confusión.

La revitalización de la llamada "agenda de la paridad de género" es un ejemplo de ello. Como si fuera suficiente sustituir cuerpos de varones por cuerpos de mujeres en moldes gubernamentales similares para que las cosas cambiaran.

En México, este mecanismo de confusión está funcionando a toda prisa. Estamos en medio de un periodo electoral donde se confrontan dos mujeres a la presidencia de la República. Simultáneamente, se acelera la violencia en los territorios con sus secuelas de asesinatos y desaparición forzada, para asegurar los extractivismos y las explotaciones de toda clase.

La ensalada de confusión está servida: mujeres gobernando y paramilitares y fuerzas armadas imponiendo leyes fácticas de obediencia.

¿Cómo continuar nutriendo las capacidades de transmisión intergeneracional de experiencias?

Mucho se ha hablado en los últimos años de la regeneración de las genealogías feministas, tan diversas como nuestros cuerpos y experiencias vitales. Buscamos formas que sean simultáneamente capaces de reconocer las novedades que las más jóvenes ponen en juego para combinarlas con la experiencia que las más maduras tienen inscritas en sus cuerpos.

Reconstruir genealogías e inscribirnos en linajes de lucha es una tarea a la que le estamos dedicando tiempo y energía.

Como propone Noel Sosa desde Uruguay, eso disipa en parte la sensación de orfandad y nos regala palabras y argumentos para nombrar lo repudiado y discutir lo pertinente.

Se ha hablado menos quizá del sentido inverso, que no es menos relevante: del inmenso empuje que el entusiasmo y los bríos de las más jóvenes imprimen a las más experimentadas y, quizá, un poco más desconfiadas.

Las más jóvenes hablan lo que las abuelas callaron, como decían varias consignas que se vieron en las movilizaciones recientes. Reinstalan lugares dignos para todas: al reconocerlas se dota de otros significados a los añejos esfuerzos de desobediencia e insubordinación.

La multiplicación de muy distintos empeños por apuntalar tal transmisión de experiencias y energías abre un camino a la esperanza. Brotan escuelas feministas autogestivas, encuentros, festivales, mercaditas, proyectos artísticos, espacios sociales, libros, medios de comunicación y enlaces de toda clase. Todas estas construcciones hoy se multiplican y su circulación se amplifica.

Todo esto ocurre en medio de amenazas cada vez más grandes a las vidas y tiempos de muchísimas mujeres y disidencias.

Los peligros de las guerras, de las declaradas y las que se llevan a cabo de manera artera y descarada, la militarización creciente de la vida que se come porcentajes crecientes de los presupuestos públicos, todo esto ocurre cuando muchísimas mujeres han comenzado a hablar entre sí. Hemos comenzado a aprender unas de otras sobre los asuntos que más nos preocupan y sobre todos los problemas que están en juego en estos tiempos de crisis superpuestas.

De ahí que la recuperación de pensamientos estratégicos, de propuestas comunes que requieren tiempo y reflexión, escucha atenta y debate sereno sea un asunto fundamental y urgente.

¿Cómo imprimir un mayor énfasis a los sentidos antibelicistas que las luchas feministas están expresando?

El repudio al genocidio que está ocurriendo en Gaza estuvo presente en cada una de las movilizaciones feministas que hemos logrado documentar este año, abriendo un destello de esperanza.

Muchísimas feministas de otras épocas han sostenido intransigentes y lúcidas posiciones antibelicistas e internacionalistas. Hoy, las luchas contra la guerra, contra su financiamiento, contra la leva, la industria armamentista y nuclear son de urgencia cotidiana. Son luchas que se conectan con el antipunitivismo, que se posicionan contra el belicismo en la ciudad, el Estado, el país de cada una, y más allá de ellos.

En Gaza estamos viendo el asalto más vil contra la vida que hemos presenciado en una generación, desde los bombardeos de napalm en Vietnam, o las campañas de tierra arrasada en Guatemala. Lo que pasa en Palestina importa, y parar el genocidio en Gaza es un llamado urgente y claro. Pero también la guerra está aquí: en Haití, en México, en Ecuador y en muchos otros lugares de nuestro continente.

El futuro feminista exige sostener y profundizar las luchas contra todas las violencias, eludiendo las trampas envenenadas de la securitización, del militarismo, de la criminalización y del punitivismo.

A través de la lucha en la calle y la producción colectiva de las decisiones, lograremos distinguirnos de los falsos feminismos patronales y de derecha recomponiendo un terreno donde renovar alianzas entre quienes, efectiva y cotidianamente, sostenemos la vida colectiva. Así nos mantendremos vivas y activas para compartir las experiencias de luchas anteriores con las que ya han llegado a las calles para disputar lo suyo y con las que llegarán después.

Semblanzas de las autoras

Andrea Sato. Andrea nació en el sur del mundo un día de verano. Lesbiana Feminista, investiga en Fundación SOL (Chile), es estudiante del Doctorado en Sociología de la BUAP y disfruta de catar mangos.

Claudia López Pardo. Vive en Bolivia. Hace parte de tejidos y luchas antipatriarcales. En Ojalá, escribe de forma situada sobre las luchas de los feminismos renovados.

Daniela Díaz Rangel. Fotoperiodista colombiana independiente enfocada en temas de derechos humanos, género y construcción de paz.

Dawn Marie Paley es periodista freelance desde hace casi dos décadas y ha escrito dos libros: Capitalismo Antidrogas: Una guerra contra el pueblo y Guerra neoliberal: Desaparición y búsqueda en el norte de México. Es la editora de Ojalá.

Génesis Anangonó es una Mujernegra que cree en un feminismo negro, decolonial y popular. Docente, investigadora y perreodista, cuestionadora innata e inconforme.

Libertad García Sanabria. Mujer, lesbiana, feminista nacida en la CdMx, con actual residencia en el estado de Oaxaca. Es Licenciada en Sociología por la UAM-Xochimilco, Maestra en Ciencia Política por El Colegio de México y, actualmente, doctorante en Estudios Latinoamericanos de la UNAM. Es co-creadora del espacio cultural feminista La Gozadera, que abrió sus puertas en el centro de la CdMx de 2015 a 2020.

Raquel Gutiérrez Aguilar ha sido parte de variadas experiencias de lucha en este continente, impulsando la reflexión y alentando la producción de tramas antipatriarcales por lo común. En Ojalá, es editora de opinión.

Valen Iricibar es une periodiste especializade en políticas públicas, violencia de género y derechos LGBTQIA+. Es editore para el Buenos Aires Herald.

Yasna Mussa es reportera freelance. Desde hace más de una década trabaja como corresponsal internacional cubriendo desde Europa, Asia, Medio Oriente y Latinoamérica. En la actualidad es corresponsal de Radio Francia Internacional en Chile y colabora con medios como Ciper, Mediapart y Post Opinión. Fue Bertha Fellow 2020-2021. Es cofundadora y editora de Revista Late.

Ojalá es un semanario digital de periodismo y análisis que nutre sentidos comunes disidentes. Puedes encontrar nuestro trabajo en Ojala.mx y es muy fácil suscribirte al boletín semanal.

A través de voces y perspectivas ancladas en acción e investigación, *Ojalá* aspira a una sintonía que ilumine y se nutra de las capacidades comunitario-populares, las luchas feministas, y las disputas territoriales en marcha.

Impulsando las plumas de las mujeres, *Ojalá* ha abierto un proceso de hilado paciente que permite dar cuenta del tejido de las luchas que vibran en diversos territorios al occidente del Atlántico.

EQUIPO OJALÁ

EDITORA: Dawn Marie Paley
EDITORA DE OPINIÓN: Raquel Gutiérrez Aguilar
EDITORA DE TRADUCCIONES: María José López
EDITOR DE PROYECTOS ESPECIALES: Kévin Hernández Martínez
CONSEJO EDITORIAL: Claudia López Pardo, Gladys Tzul Tzul
CORRECCIÓN DE ESTILO: Chuck Morse
ADMINISTRACIÓN: Scala Finanzas

•

ESCRÍBENOS A info@ojala.mx